Directrice : Sarah Kœgler-Jacquet
Directrice de projets : Sandra Berthe
Éditrice : Elsa Hug
Graphiste : Stéphanie Aparicio assistée de Emma Pak
Fabrication : Nicolas Jover
Traduction et adaptation : Emmanuelle Caussé
Suivi éditorial : Justine Simorre
Maquette : Karine Fougeray
Lecture-correction : Agnès Scicluna

Where's the Elf? a été publié pour la première fois
en Grande-Bretagne en 2018 par Buster Books, Michael O'Mara Books Limited.

9 Lion Yard, Tremadoc Road, London SW4 7NQ
Illustrations de Chuck Whelon.

58, rue Jean Bleuzen – 92178 Vanves CEDEX.
Dépôt légal : octobre 2022 – Édition 01.
Achevé d'imprimer en France par Pollina en octobre 2022 - 42759.
Loi n° 49-956 du 16 juillet 1949 sur les publications destinées à la jeunesse.

PAPIER À BASE DE
FIBRES CERTIFIÉES

Deux Coqs d'Or s'engage pour
l'environnement en réduisant
l'empreinte carbone de ses livres.
Celle de cet exemplaire est de :
450 g éq. CO_2
Rendez-vous sur
www.deux-coqs-dor-durable.fr

Où sont cachés les LUTiNS du père Noël ?

DEUX COQS D'OR

L'ATELIER DU PÔLE NORD

Nous sommes en décembre, et Noël approche ! Dans l'atelier du père Noël, tout le monde s'affaire. Le 24 décembre, le père Noël chargera les cadeaux dans son traîneau pour les offrir aux enfants du monde entier.

Mais cette année, certains lutins du père Noël en ont décidé autrement. Alors que le grand jour approche, dix d'entre eux ont disparu. En leur absence, l'atelier est désorganisé ! Les autres lutins risquent de ne pas terminer à temps les derniers jouets. Sauras-tu aider le père Noël à retrouver les dix lutins cachés dans chaque scène ? Si tu réussis, tu auras sauvé Noël !

Rends-toi à la fin du livre pour découvrir les solutions, ainsi que d'autres éléments à repérer dans les images.

LES LUTINS MANQUANTS

Voici les dix lutins qui ont disparu. Observe-les bien avant de te lancer à leur recherche.

UN VILLAGE HIVERNAL

Le père Noël a suivi les lutins fugueurs, jusqu'à un village anglais enneigé. Malgré le froid, tous les habitants sont dehors et s'amusent dans la neige.

Pendant que Givrée participe à une grande bataille de boules de neige, Clochette donne de la voix avec les chanteurs qui interprètent des airs de saison. Le père Noël soupire. Il ignore comment repérer ses lutins dans la foule !

As-tu trouvé le père Noël et les dix lutins ?

EN SAFARI

Les lutins ont réussi à semer le père Noël et sont partis faire un safari sous le soleil. Ils sont émerveillés de découvrir autant d'animaux différents !

Si le père Noël pensait que ses lutins étaient espiègles, il découvre que les singes le sont bien plus. Et qui aurait cru que les éléphants et les rhinocéros empestent davantage que les rennes ?

As-tu trouvé le père Noël et les dix lutins ?

À VOS MARQUES... PRÊTS, PARTEZ !

Toujours plus rapides que le père Noël, les lutins décident de s'arrêter sur un circuit. Ils meurent d'envie d'essayer le karting, beaucoup plus distrayant que la luge.

Vive et rapide, Éclair est dans son élément. Elle est impatiente de prendre le volant et de commencer les tours de piste. Le père Noël ferait mieux de se dépêcher s'il veut rattraper les intrépides petits pilotes !

As-tu trouvé le père Noël et les dix lutins ?

UN MAGNIFIQUE MARCHÉ DE NOËL

Nostalgiques du pôle Nord, les lutins se rendent en Allemagne pour visiter un grand marché de Noël. Fascinés, ils se mêlent à la foule et admirent les créations vendues sur les stands, tout en savourant une boisson chaude.

Joyeux observe avec soin les décorations : il y trouve l'inspiration pour de nouveaux modèles de chaussettes. Quant au père Noël, il aimerait bien prendre le temps de flâner, mais c'est impossible, car les lutins ne restent pas en place.

As-tu trouvé le père Noël et les dix lutins ?

PLACE AU SURF

En effet, la petite bande a déjà filé à l'autre bout du monde, profitant du soleil sur une superbe plage australienne !

Pauvre père Noël, il déteste la chaleur. Le froid et la neige lui manquent ! Une fois qu'il aura attrapé Tignasse, son styliste attitré, il lui demandera de lui confectionner un short semblable à celui porté par les surfeurs.

As-tu trouvé le père Noël et les dix lutins ?

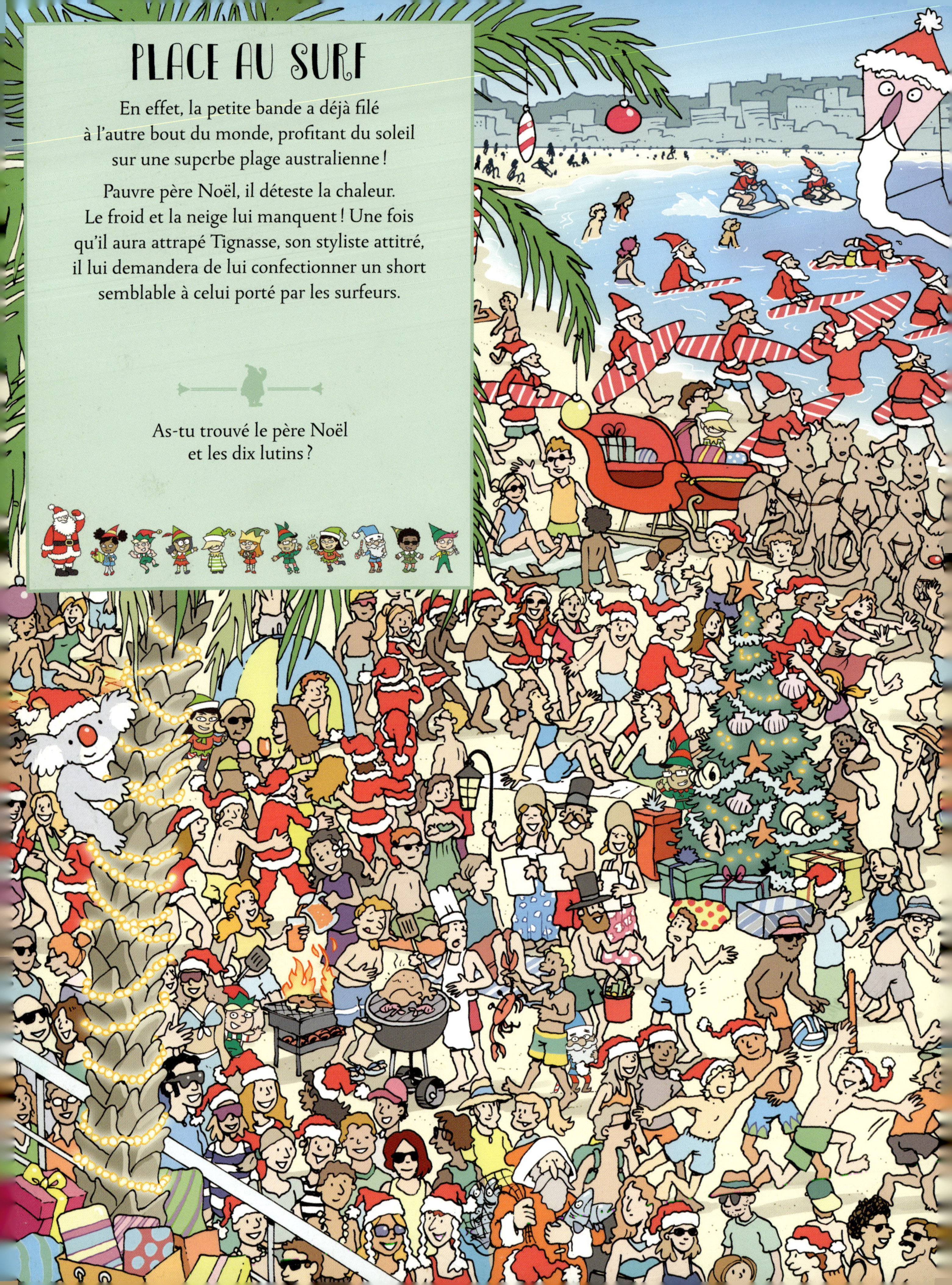

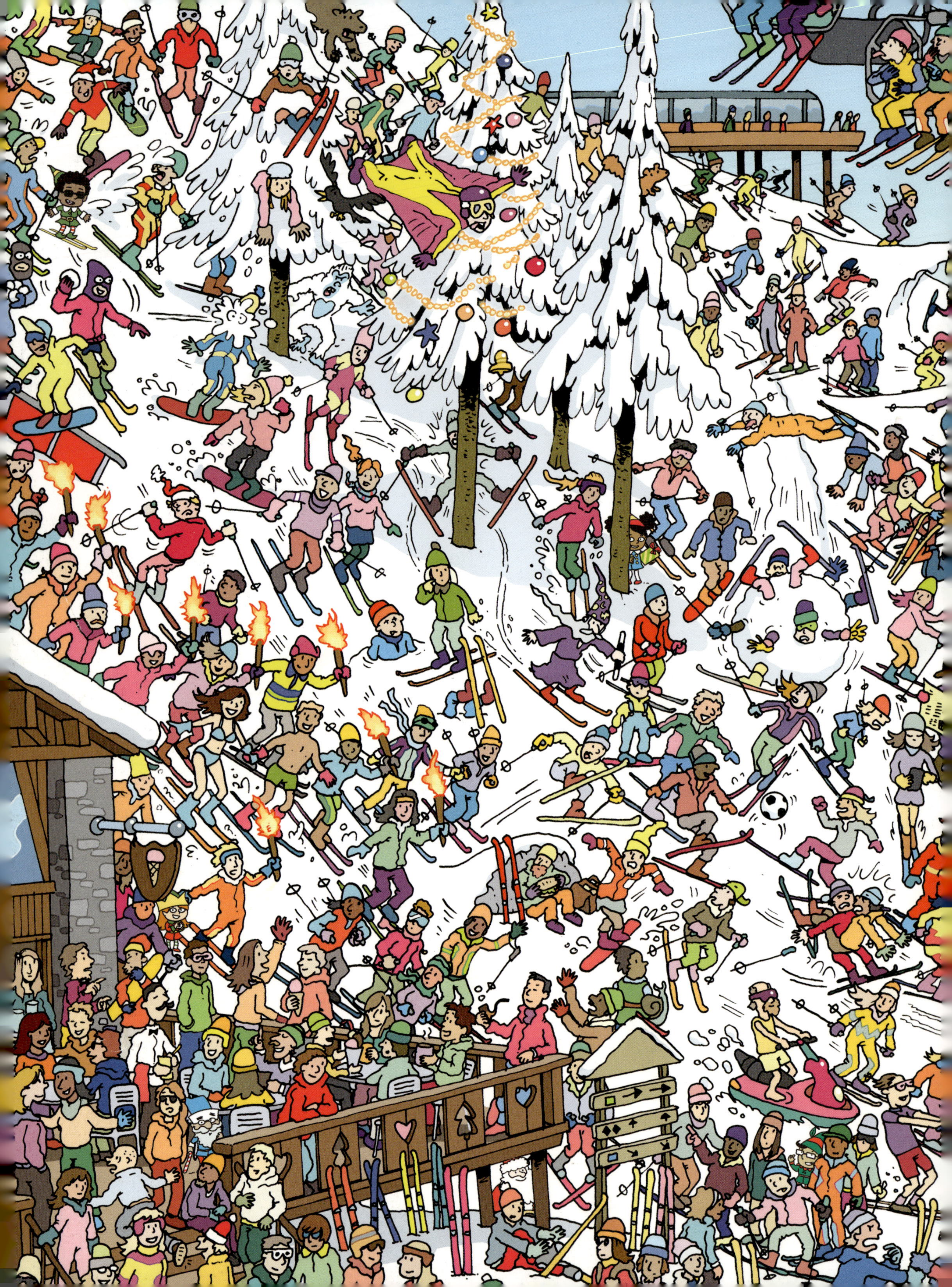

SUR LES PENTES ENNEIGÉES

Heureusement pour le père Noël, les lutins sont maintenant partis dans les Alpes pour faire un peu de ski. Les pentes raides et les précipices dangereux ne leur font pas peur.

Si le père Noël se sent mieux à la montagne, il est loin de partager la passion des lutins pour le ski. Habitué à se déplacer en traîneau, il a peur de tomber sur les pistes. Cependant, il n'a pas le temps d'apprendre à skier, il a besoin de ses lutins pour finir les préparatifs de Noël.

As-tu trouvé le père Noël et les dix lutins ?

C'EST UN STRIKE !

Après le ski, place au bowling !
Les lutins n'avaient jamais essayé ce jeu
qu'ils trouvent très divertissant.

Même s'il faut qu'ils se mettent à deux
pour soulever une des lourdes boules,
ils réussissent à faire un strike !
De son côté, le père Noël ne résiste pas
non plus au plaisir de s'initier au bowling.
Mais il est trop maladroit, et sa boule roule
dans la gouttière... Il se console en se disant
qu'il est là pour ramener ses lutins.

As-tu trouvé le père Noël
et les dix lutins ?

UNE NUÉE DE PÈRES NOËL

Quoi de mieux qu'un père Noël ?
Des centaines de pères Noël, bien sûr !

Près de l'Équateur, les lutins pensaient se détendre dans un hôtel de luxe, mais c'était sans compter une convention d'interprètes du père Noël, venus du monde entier ! Ce n'est pas du tout ce à quoi ils s'attendaient. Le vrai père Noël, lui, se dit qu'il aimerait bien avoir autant de doubles pour l'aider dans sa lourde tâche.

As-tu trouvé le père Noël et les dix lutins ?

LE LEVER DE RIDEAU

Espiègles, les lutins se sont faufilés à l'opéra, afin d'assister à une représentation du célèbre ballet *Casse-Noisette*. Peu réputés pour leur grâce, ils contemplent avec émerveillement les gestes parfaits des danseurs.

Également dans la salle, le père Noël espère surtout que ses lutins ne parleront pas au cours du spectacle. Ils ne s'arrêtent jamais de bavarder et pourraient déranger les autres spectateurs !

As-tu trouvé le père Noël et les dix lutins ?

LE CARNAVAL DE NOËL

Noël n'est pas toujours synonyme de froid et de neige. C'est ce que découvrent les lutins en assistant à un défilé de carnaval au Brésil.

Heidi et Épicéa n'ont jamais vu autant de lumières et de paillettes. Cela leur donne des idées pour décorer les emballages de cadeaux et les sapins. En revanche, toute cette musique cause une migraine au père Noël.

As-tu trouvé le père Noël et les dix lutins ?

AU MUSÉE

À présent, le père Noël a poursuivi les lutins jusqu'à un musée très fréquenté, rempli de curiosités. Les lutins sont ravis de découvrir autant de trésors réunis dans le même bâtiment !

Tandis que Givrée observe les squelettes de dinosaures, Charlie admire les sculptures antiques. Le père Noël aimerait bien faire de même, encore faudrait-il qu'il puisse s'asseoir quelque part !

As-tu trouvé le père Noël et les dix lutins ?

DANSE SUR GLACE

Attention, ça glisse ! De passage à New York, les lutins font une halte sur la célèbre patinoire du Rockefeller Center.

Comme Blizzard est un champion sur la glace, il entraîne ses amis dans une course folle. Tout ceci est bien trop sportif pour le père Noël. Il s'installe dans les gradins et cherche ses lutins des yeux tout en dégustant un délicieux hot-dog.

As-tu trouvé le père Noël
et les dix lutins ?

DANS LES AIRS

Si les lutins sont habitués aux rennes volants, ils sont épatés par tous les autres engins capables de se déplacer dans le ciel : cerfs-volants, montgolfières, hélicoptères…

Pour une fois, le père Noël est dans son élément. Il sait mieux que personne voyager dans les airs ! Les lutins ne pourront pas lui échapper.

As-tu trouvé le père Noël et les dix lutins ?

DANS L'ESPACE

Toutefois, malgré ses efforts, le père Noël a encore perdu la trace des lutins. À force de tester des engins volants, ils ont fini par prendre une fusée qui les a emmenés dans l'espace. Sur une planète inconnue, ils font la connaissance de nombreux extraterrestres pittoresques. Certains possèdent des yeux globuleux et de longs tentacules, d'autres arborent un museau visqueux ou des antennes tremblantes.

Le père Noël en a vraiment assez. Trop, c'est trop !

As-tu trouvé le père Noël et les dix lutins ?

LA FÊTE SURPRISE

Quelle est la dernière destination des lutins ? Le pôle Nord ! Là, le père Noël parvient enfin à les rattraper. Il est temps d'éclaircir un immense malentendu.

Contrairement à ce que le père Noël imaginait, les lutins ne s'étaient pas sauvés. Ils avaient filé en douce, afin de collecter dans le monde entier, de quoi préparer une surprise au père Noël ! C'est ainsi qu'il débarque au beau milieu d'une fête organisée en son honneur.

Bien que touché par cette attention, ce dernier aurait préféré en être informé avant. Cela lui aurait évité de s'épuiser à courir après les organisateurs de la fête…

As-tu trouvé le père Noël fatigué
et les dix lutins s'amusant ?

UN NOËL RÉUSSI

Finalement, tous les préparatifs ont été achevés à temps, et le père Noël a pu les distribuer dans le monde entier.

Maintenant que sa tournée est terminée, il accompagne la bande des lutins festoyer chez leurs nouveaux amis humains. Quel plaisir de partager un bon repas et de regarder les enfants ouvrir les cadeaux ! Cette année encore, le père Noël et les lutins ont parfaitement rempli leur mission.

As-tu trouvé le père Noël et les dix lutins ?

RÉPONSES

LES AS-TU REPÉRÉS ?

- Un chœur de chanteurs ☐
- Quelqu'un qui tombe sur la glace ☐
- Un homme déguisé en crocodile ☐
- Un blaireau ☐
- Une personne qui reçoit une boule de neige en plein visage ☐

UN VILLAGE HIVERNAL

EN SAFARI

LES AS-TU REPÉRÉS ?

- Un crocodile dentiste ☐
- Un zèbre qui a une épingle dans les naseaux ☐
- Une girafe qui boit à la paille ☐
- Un singe avec une cloche ☐
- Un touriste à cheval sur une autruche ☐

À VOS MARQUES... PRÊTS, PARTEZ !

LES AS-TU REPÉRÉS ?

- Un stand d'assistance ☐
- Une voiture montée sur échasses ☐
- Un homme dont le chapeau de cow-boy s'envole ☐
- Un conducteur en costume de chauve-souris ☐
- Une voiture pleine de clowns ☐

LES AS-TU REPÉRÉS ?

- Une personne qui s'électrocute et dont on voit le squelette ☐
- Un skieur ☐
- Deux personnes déguisées en bonshommes de neige ☐
- Un âne sur un cheval ☐
- Un voleur ☐

UN MAGNIFIQUE MARCHÉ DE NOËL

PLACE AU SURF

LES AS-TU REPÉRÉS ?

- Deux crustacés qui tirent un cracker de Noël ☐
- Une méduse sur la tête d'un baigneur ☐
- Un baigneur qui vient de s'asseoir sur un porc-épic ☐
- Des poissons dans un filet ☐
- Deux bonshommes de sable ☐

SUR LES PENTES ENNEIGÉES

LES AS-TU REPÉRÉS ?

- Un skieur avec une fusée sur son dos ☐
- Quelqu'un prêt à tomber du télésiège ☐
- Une boule de neige humaine ☐
- Un homme aux deux jambes cassées ☐
- Deux skieurs en maillot de bain ☐

C'EST UN STRIKE !

LES AS-TU REPÉRÉS ?

- Une femme enceinte ☐
- Un joueur avec une crête verte ☐
- Une femme devant un jeu d'arcade ☐
- Un homme à la barbe rose ☐
- Quelqu'un qui envoie sa boule entre ses jambes ☐

UNE NUÉE DE PÈRES NOËL

LES AS-TU REPÉRÉS ?

- Un renne qui ne veut pas prendre l'escalator ☐
- Un père Noël qui fait une bombe dans la piscine ☐
- Un père Noël dont la barbe est coincée dans l'escalator ☐
- Un lapin de Pâques déguisé en père Noël ☐
- Un père Noël avec une cheminée sur la tête ☐

LE LEVER DE RIDEAU

LES AS-TU REPÉRÉS ?

- Un renne ☐
- Un sandwich pêché à la ligne ☐
- Un tir de sarbacane ☐
- Un clown ☐
- Un gros rat mécontent ☐

LES AS-TU REPÉRÉS ?

- Un footballeur et son ballon en forme de grelot ☐
- Un homme avec une corbeille d'ananas sur la tête ☐
- Un homme déguisé en sucre d'orge ☐
- Un homme qui joue du tambour et du sifflet en même temps ☐
- Un trompettiste jouant sur le dos d'un cheval ☐

LE CARNAVAL DE NOËL

AU MUSÉE

LES AS-TU REPÉRÉS ?

- Une momie qui marche ☐
- Deux bébés dinosaures en train d'éclore ☐
- Une statue de dodo ☐
- Un tableau avec des fleurs ☐
- Un grizzly ☐

DANSE SUR GLACE

LES AS-TU REPÉRÉS ?

- Un super-héros volant ☐
- Une équipe de tournage ☐
- Une personne déguisée en statue de la Liberté ☐
- L'étoile en haut d'un sapin ☐
- Une personne qui porte un bonnet en forme de panda ☐

LES AS-TU REPÉRÉS ?

- Une coccinelle ☐
- Un cheval ailé ☐
- Un chat ☐
- Une grenouille ☐
- Un homme accroché à une corde ☐

DANS LES AIRS

DANS L'ESPACE

LES AS-TU REPÉRÉS ?

- Un extraterrestre qui promène son chien ☐
- Un extraterrestre qui mange un sandwich ☐
- Un poulpe extraterrestre ☐
- Un extraterrestre sur un skate-board à moteur ☐
- Une perruche ☐

LA FÊTE SURPRISE

LES AS-TU REPÉRÉS ?

- Un lutin accordéoniste ☐
- Une elfe danseuse ☐
- Un lutin avec des clous dans la bouche ☐
- Un lutin portant un masque de plongée et un tuba ☐
- Un elfe présentateur de télé ☐

LES AS-TU REPÉRÉS ?

- Une petite fille déguisée en papillon ☐
- Une dame avec des cornes de renne sur la tête ☐
- Une femme portant une fausse moustache ☐
- Un cracker tiré par les deux bouts ☐
- Une fillette qui tire la langue ☐

UN NOËL RÉUSSI